Jean-Marie PÉGEOT

Les Yapalf
et
les   Cénouk

© 2011, Pégeot
Edition : Books on Demand
12/14 rond-point des Champs Elysées
75008 Paris
Imprimé par Books on Demand, Norderstedt
ISBN : 9782810621989
Dépôt légal : août 2011

Avant-Propos

Jean-Marie, à travers son premier livre : « Charles-Edouard et Mohamed » soulignait une certaine philosophie de la vie.

Avec les « Yapalf et les Cénouk », voici une fable, qui sous un air innocent, laisse transparaître un regard juste et plein d'humour sur notre temps et les travers de notre société.

La quête du bonheur est-elle dans la course effrénée pour l'argent où le rythme de vie rend fou, ou bien dans la philosophie de certains peuples proches de la nature et respectueux de la planète ?

Souvenons-nous que nous sommes mortels et que nos jours sont comptés. Autant les vivre en bonne intelligence, avec tous ceux rencontrés sur notre route. Nous sommes tous dans le même bateau, sur la même planète.

Comme dit Martin Gray « Pour que naisse enfin en chacun de nous un nouvel âge, celui de la paix et de l'espoir », il serait temps de réfléchir sur nos comportements et sur l'avenir de l'humanité !

Francine Pohl

La tribu des « Yapalf » s'est établie dans la plaine équatoriale depuis toujours. Ils sont nés là parce que la température y est agréable , proche de celle du corps humain, et vivent donc pratiquement nus toute l'année puisqu'il n'y a pas d'hiver. Leur peau est tellement exposée au soleil qu'elle en est noire. Leur principale préoccupation est la cueillette des fruits sauvages et la récolte des céréales dans les zones irriguées par la rivière « Wamba ». Leur nourriture de base est le millet pilé dans un mortier auquel ils ajoutent un peu d'eau ou du lait lorsqu'ils capturent une chèvre.
    La principale caractéristique de leur tribu est qu'il n'y a pas de chef et ils ne connaissent pas l'argent.

    Un matin après le lever du soleil, Jawaad avale ses céréales tranquillement. En face de lui, Maliha est assise, le dévorant des yeux. Il est fort et musclé. Soudain il se lève et dit : « haguwa ougou sakewe » ce qui veut dire comme tout le monde le sait évidemment « je vais à la pêche » en langage « Yapalfeu ».
 Maliha l'interroge : « A kawee ou koutou ? » (Je peux venir avec toi ?)
Jawaad : « Kataka, ou we we coco ! » (Bien sûr ma jolie !)
    Ils rejoignent donc la rivière. Il fait déjà très chaud. En arrivant sur la berge, Jawaad pose son harpon et se jette à l'eau. Maliha le suit. Après avoir nagé longtemps dans une cuvette, ils s'allongent au soleil. Lui est beau et vigoureux, le corps perlé de gouttelettes, elle a le bout des seins qui pointe . Maliha fixe Jawaad dans les yeux. Leurs visages s'illuminent et soudain ils sont attirés l'un vers l'autre par une force irraisonnée.

Aussi n'essayent-ils pas de résister et donnent libre cours à leurs instincts. Il la prend dans ses bras, lui caresse la peau jusqu'à ce que cette approche s'épanouisse en une longue étreinte.

Après leurs ébats amoureux, elle rentre au village que constitue l'ensemble des cases faites de jonc et de paille. Les maisons sont disposées circulairement autour d'une place où la tribu vit dans la journée.

Elle y retrouve Kahdi, un autre homme du village avec qui elle a eu deux enfants. Il lui jette un regard austère en lui demandant : « Gakokoé, a we we, poko, Jawaad » ? Qui veut dire bien sûr : « Qu'as-tu fait avec Jawaad » ? Maliha ne répond pas et ça énerve Kahdi qui lui prend le bras en vociférant : « A paca o ko ko towe » ! « J'ai horreur des gens qui ne répondent pas !» Zahran, un troisième « Yapalf »,intervient : « Toto, a we », « laisse-la tranquille » !

Quand Jawaad rentre de la pêche avec deux magnifiques poissons en bandoulière, Kahdi l'attend : « gakokoe a we we poko Maliha » ? « Qu'as-tu fait avec Maliha » ? Jawaad ne répond pas non plus. Kahdi entre dans une colère phénoménale. Les deux hommes commencent à se battre mais les autres interviennent. Le village est partagé en deux, un clan soutenant Jawaad et l'autre Kahdi.

Zahran , homme sage, réussit à calmer tout le monde pour la nuit en invitant le village « Yapalf » à boire la « taka », un breuvage infecte et à fumer des feuilles séchées et roulées dont il détient le secret. Le lendemain, au lever du soleil, quelques villageois n'ayant pu réintégrer leur case dorment profondément au milieu de la place. En se réveillant, ils ont mal à la tête et leurs paupières sont gonflées. La « taka » a frappé !

Les jours suivants, les turbulences ne s'arrangent pas, bien au contraire ; le village est séparé en deux clans qui ne se parlent plus, s'épient, prêts à harponner l'autre au moindre geste ! Zahran fait office de médiateur mais rien n'y fait. Par un après-midi de grande chaleur, alors que Zahran somnole dans sa case, Kahdi provoque Jawaad au milieu de la place. Ils se battent comme des chiens devant les villageois criant pour encourager le représentant de leur clan !

En peu de temps, Jawaad anéantit Kahdi qui s'en va ; pratiquement la moitié de la tribu le suit, y compris les deux enfants de Mahila.

Le village se sépare donc en deux, les « Yapalf » d'un côté, et les « Cénouk » de l'autre car c'est ainsi qu'ils s'appelleront, avec un homme représentant leur population respective à la tête de chacune d'entre elles. C'est ainsi que les chefs commencèrent à exister, alors que jusque là, le besoin ne s'en était point fait sentir.

Chez les « Yapalf », la vie continue comme avant, calme et sereine. Maliha est triste parce que deux de ses enfants sont partis, mais son amour pour Jawaad efface son chagrin.

Au fil du temps, les « Cénouk » émigrent vers le Nord. Ils forment un peuple de conquérants. Ils envahissent les territoires qui se trouvent sur leur passage et se les approprient. Après quelques siècles, certaines peuplades « Cénouk » se retrouvent à plus de mille kilomètres de leurs origines « Yapalf ». En se déplaçant, ils constatent que les jours n'ont pas toujours la même durée, que les nuits s'allongent, puis raccourcissent en un cycle perpétuel.

Ils viennent de découvrir les saisons, le froid et les petits papillons blancs qui tombent du ciel ; aussi pour se réchauffer, commencent-ils à abattre des arbres pour s'abriter et faire du feu. Ils doivent lutter contre les éléments climatiques, ce qui les rend combatifs et déterminés. Quand ils arrivent quelque part, ils prennent possession des lieux et quelques années plus tard, on y retrouve des habitations faites le plus souvent de pierre et de bois qui n'ont rien à voir avec les cases des « Yapalf ». Au fil des siècles, ils ne se contentent pas de cueillette, de pêche et de chasse, mais domestiquent les animaux, cultivent la terre d'abord avec des moyens rudimentaires, puis avec des outils de plus en plus performants. Comme ils ne voient plus le soleil, leur peau devient blanche.

Pendant plusieurs millénaires, les « Yapalf » restent confinés dans la zône équatoriale et n'évoluent pas, alors que les « Cénouk » sont à l'origine d'une multitude d'inventions, dont l'eau tiède, le fil à couper le beurre, le compte-gouttes, le parfum, le chasse-mouches, le thyratron (1), le coupe-frites, l'ouverture pratique des briques de crème, le rouge à lèvres, les bas de contention, la politique, la religion, la caisse d'allocations familiales... etc ... etc ... Mais leur plus belle trouvaille reste malgré tout l'argent et le fameux trou de la sécurité sociale . Le succès de ce dernier réside dans son côté immortel. Il a en effet la caractéristique d'être éternel, chaque réforme étant censée le reboucher, le creusant un peu plus . Les « Cénouk » n'ont pas compris que le travail fatigue et rend malade. C'est d'ailleurs une des grandes causes des pertes financières de la caisse d'assurance maladie. Leur chef a même conseillé de travailler plus pour combler le déficit, mais plus ils travaillent, plus ils sont malades et ça ne fait qu'aggraver la situation !

1 : tube électronique à vide

Les « Yapalf », eux, n'ont pas ce genre de problème. Ils n'envisagent pas du tout de travailler, labourer la terre ou semer des céréales puisqu'ils les trouvent dans la nature !
Il suffit de ne pas tout manger, d'en laisser une partie se régénérer lorsque l'épi mûr tombe au sol .Les graines enfouies en terre par les grandes pluies qui s'abattent selon le bon vouloir du hasard, qu'ils appellent « Dieu », donnent de jeunes pousses sans que l'homme n'intervienne.

A des milliers de kilomètres de là, les « Cénouk » dont le Dieu est l'argent, ont inventé des céréales génétiquement modifiées qui donnent des épis dont le grain est stérile. Le paysan désireux de le semer l'année suivante plutôt que d'en acheter chez son fournisseur ne verrait rien pousser !

Quand ils ont travaillé pendant onze mois sur douze, les « Cénouk » s'octroient des congés bien mérités. Ils prennent donc le temps de se baigner dans la rivière, de pêcher, profiter du soleil et vivre dans la nature pendant un mois. Cela fait bien sourire les « Yapalf » qui eux font ça toute l'année ! Les « Cénouk » sont persuadés que les « Yapalf » sont malheureux sans le progrès technique. Ils essayent donc de les convertir à toutes ces usines à gaz plus compliquées et polluantes les unes que les autres ; pire encore, ils rabaissent les « Yapalf » au rang de primaires et fainéants, puisqu'ils n'adhèrent pas à leurs théories de gentils grands frères qui veulent leur bonheur !

Le fonctionnement de la société « Cénouk » est basé sur l'argent sans lequel ils ne peuvent rien faire. Pour en gagner beaucoup, il faut travailler plus, que les entreprises soient performantes et régulièrement, il arrive qu'ils produisent plus qu'ils ne peuvent consommer ; c'est alors la crise économique, puis le chômage.

Pendant que les « Cénouk » s'agitent, les « Yapalf » profitent de l'eau, du soleil et de la nature. Ils puisent leur énergie dans l'air ambiant et évacuent leurs mauvaises vibrations directement à la terre par l'intermédiaire de leurs pieds nus à même le sol. Leurs connaissances des plantes aux vertus médicinales les aident en cas de maladie .La sécheresse reste donc leur seule crainte . Lorsque la pluie tarde à venir, ils se réunissent en cercles concentriques sur la place du village ; le sage distribue la « Taka » dans un bol en terre cuite ; chacun boit une rasade de ce breuvage et le passe à son voisin, puis suivent les feuilles de « Yowho » séchées et roulées dont la fumée élève les esprits vers le ciel !

A la tombée de la nuit les musiciens jouent du tambour et de divers instruments faits de morceaux de bois. Quand le rythme est donné, les « Yapalf » dansent et chantent. Par ce rite, ils prient les esprits supérieurs de faire venir la pluie. Vers la fin de la danse, les tambours accélèrent les battements et les danseurs entrent dans un état de transe. Si la pluie ne tombe pas à la suite de cette imploration des Dieux, la crainte des « Yapalf » s'efface malgré tout, tant que la « Taka » et le « Yowho » font leur effet ! Le lendemain, leur angoisse est encore plus grande.

Les « Cénouk », eux, pour calmer leur anxiété ont le vin rouge et les antidépresseurs. Les effets de ces produits sont aussi dangereux que ceux de la « Taka » ou du « Yowho » et pour se protéger, ils ont inventé des lois qui ne changent rien aux méfaits de ces expédients, mais leur permettent de les utiliser en toute quiétude.

Les « Cénouk » sont très occupés puisqu'ils travaillent, et n'ont plus le temps de se parler, de regarder autour d'eux, d'aimer en quelque sorte.

Ils ont par conséquent inventé un nombre incroyable de moyens de communication dont le téléphone, le code morse, internet, la poste, le journal, la radio, la télévision...Mais bizarrement, plus ils ont d'outils à cet effet, moins ils arrivent à communiquer ! Si un jour, vous entendez quelqu'un parler tout seul à un robot qui dit :

« -   Si vous voulez demander une attestation, tapez 1.
   -   Si vous désirez payer votre commande tapez 2.
   -   Si vous êtes allé normalement aux toilettes ce matin, tapez 3
   -   Si vous avez un furoncle, tapez 4
   -   Si vous avez perdu votre numéro de code, tapez 5
   -   Si vos clefs sont enfermées à l'intérieur, tapez 6
   -   Si aucun numéro ne correspond à votre demande, tapez 7

Pas de doute, vous êtes bien chez les « Cénouk » !

Les « Yapalf », eux, communiquent en se regardant dans les yeux, en se touchant et en jouant du tambour fait de bambous et d'une peau de chèvre tendue. Leur instinct reconnaît les bonnes et les mauvaises vibrations, ils savent donc qui est en face d'eux, sans demander ni numéro de sécurité sociale, ni curriculum vitae ou extrait de casier judiciaire. Tout ça n'existe pas. Les « Yapalf » vivent en société et partagent ce qu'ils possèdent. Quand l'un d'entre eux rentre de la pêche ou de la chasse, il ne pourrait manger une chèvre à lui tout seul et toute la tribu en profite. Le fait d'offrir une partie de sa réussite lui fait chaud au cœur. En retour, les autres lui rendent plein de petits gestes d'affection et d'amour.

Chez les « Cénouk », la société s'est matérialisée, organisée, normalisée. Celui qui possède quelque chose peut l'échanger contre autre chose qu'il n'a pas, c'est le troc. Cette formule a fonctionné longtemps et fonctionne encore, mais pour pallier aux injustices de certains malhonnêtes qui troquaient des choses de peu de valeur contre d'autres plus chères, les « Cénouk » ont inventé l'argent. Ils croyaient résoudre leurs problèmes, mais ce fut encore pire. En effet, la logique voudrait que quelqu'un qui travaille beaucoup soit riche. Il n'en est rien, ce serait trop facile ! La société « Cénouk » est divisée en plusieurs tribus dont celle des « technocrates » qui pensent, calculent et dévaluent le travail pour gagner plus d'argent. Ils ont aussi le pouvoir de changer le cours de la monnaie, si ça les arrange. Heureusement, d'autres ont gardé la générosité de leurs origines « Yapalf », mais la plupart d'entre eux ont tellement de mal pour survivre, qu'ils ne se soucient pas de leurs voisins.

Les « Yapalf » se déplacent en marchant, en courant ou en nageant alors que les « Cénouk » ont inventé la roue, la bicyclette, le tricycle, le triporteur, la machine à vapeur, le moteur à explosion, la voiture, le train, l'avion, le ferryboat, l'hydravion, etc... etc... Les « Yapalf » sont donc musclés et les « Cénouk » stressés car il y a toujours quelque chose qui tombe en panne ou qui est en retard ! De plus, ils ont aussi inventé des grues, des tracteurs, des bétonnières, des monte-charges, des ascenseurs, des moissonneuses-batteuses, des concasseurs, des botteleuses, des charrues... Et plein d'autres machines qui leurs évitent de faire des efforts physiques. Ils font donc du sport après leurs heures de travail pour se maintenir en forme, et par conséquent, ils dorment peu et sont toujours fatigués.

Les « Yapalf » sont à l'écoute de leur instinct, des vibrations et restent proches de la nature. Plutôt que de s'agiter dans tous les sens quand il fait très chaud, ils se baignent dans la rivière. Les courants de l'eau sur leur peau massent leur corps en le détendant. Ils se sèchent ensuite au soleil et sont heureux ainsi.

Les « Cénouk », eux, ont inventé la balnéothérapie qu'ils pratiquent uniquement quand ils ont gagné assez d'argent ! Ces soins sont dispensés dans des établissements faits de béton et de verre, mais un palmier en plastique accueille généralement les visiteurs dans le hall d'entrée. L'ennui, c'est que pour se payer ces cures de remise en forme, ils sont obligés de travailler, faire des gains de productivité, automatiser leurs moyens de production, faire des emprunts, surveiller le cours du pétrole et de la bourse et finalement tout ça les rend malades.

A part bien sûr l'argent qui n'existe pas chez les « Yapalf », un deuxième facteur les différencie des « Cénouk », c'est la gestion temps. Leurs principales occupations sont la cueillette des fruits, des céréales, la pêche et la chasse qui ne leur prennent pas plus de temps qu'aux « Cénouk » pour faire leurs courses dans les supermarchés. Il leur reste donc de longs après-midi pour ne rien faire ! Leurs repères sont le jour et la nuit alors que les « Cénouk » ont une gestion de « l'espace temps » très compliquée qui est la base fondamentale de toutes leurs sciences. Leurs systèmes électroniques et informatiques sont tributaires de la microseconde, si bien que parfois tout tombe en panne pour une simple information parvenue trop tard. Ils sont alors obligés de tout faire manuellement et prennent du retard dans leur entreprise. Ils ont tellement d'occupations à gérer, qu'ils ont rarement du temps à consacrer aux autres pour tout simplement les aimer !

Alors que les « Yapalf » sont chaleureux, prêts à s'entraider lorsque l'un d'entre eux ne va pas bien, les « Cénouk » accordent beaucoup d'importance à des choses qui n'en n'ont pas, au détriment de leurs sentiments. Ils se compliquent la vie avec des futilités qui finalement les divisent et les rendent égoïstes. La notoriété et la gloire sont leur étendard qu'ils acquièrent souvent en dévalorisant leurs semblables. Dès qu'ils se réunissent, ils ne peuvent rien faire sans la décision d'un chef, qui souvent d'ailleurs n'est pas forcément le plus compétent pour les rendre heureux. Les « Yapalf », eux, s'en remettent à la providence, se réjouissent d'une attention de leurs proches, d'un sourire, d'une tape sur l'épaule, de la pluie quand elle tombe. Lorsqu'il pleut, ils se mettent à danser et les gouttes d'eau tiède perlant sur leur peau leur donnent encore plus conscience de l'existence de leur corps alors que les « Cénouk » font triste mine ; ils deviennent grincheux et d'ailleurs, quand ils se rencontrent, le premier sujet de conversation est la pluie et le beau temps !

Les « Yapalf » ont un sage par village, qui veille au bonheur de chaque individu, alors que les « Cénouk » ont établi tout un système de lois, de conventions avantageant ceux qui parlent le plus fort ! Comme ces derniers n'ont pas forcément raison, l'organisation de leur société est boiteuse. Quand ils s'aperçoivent que leur système ne fonctionne pas, ils changent alors leurs écrits et leurs décrets à petites doses d'exceptions pour les uns ou les autres, si bien que l'on n'y comprend plus rien ! Quand ça ne va vraiment plus, ils changent de chef et là c'est encore pire !

Les « Cénouk » sont divisés en deux grandes familles : Les « Winners » et les « Loosers ». Les « Winners » ont tout, mais ils ne sont jamais contents. Les choses ne vont jamais assez vite, ils ne gagnent jamais assez d'argent et ont plein de problèmes. Ils sont en général chefs d'entreprise, commerçants, cadres ou politiciens. Même s'ils peuvent être sympathiques, il arrive toujours un moment où ils font preuve de rigidité et d'autorité. Ils ont l'art de parler de tout en général en ne connaissant rien en particulier. Même s'ils ont tort, ils sont persuadés d'avoir raison ; d'ailleurs, il vaut mieux ne pas essayer de leur prouver le contraire sous peine de s'exposer aux pires leçons de morale. Les « loosers », eux, ont la mentalité « Yapalf ». Ils n'ont rien et s'en contentent, d'ailleurs ils n'ont rien à perdre, alors que les « Winners » ont des assurances pour leurs voitures, leurs maisons, leurs réfrigérateurs et même pour la vie ou la mort !

Les « Yapalf » récoltent leur nourriture au jour le jour dans la nature et ils la respectent pour ce qu'elle leur donne alors que les « Cénouk » qui vivent dans des ensembles faits de béton et de verre ont inventé un nombre incroyable d'emballages pour transporter et conserver leurs aliments et leurs boissons : des cartons, des bouteilles, films en plastique, boîtes en fer, barquettes en aluminium, etc... On en retrouve partout : dans les sentiers perdus dans la forêt, au bord des routes et des rivières. L'alcoolisme étant un fléau banalisé voire même encouragé, la nature est joliment décorée de bouteilles et de canettes de bière vides.

L'art de vivre des « Yapalf » est fondé sur le partage, l'amour, le respect de l'autre alors que chez les « Cénouk », ce sont les biens matériels qui dictent le mode de vie des individus. C'est le crédit octroyé à une majorité de pauvres qui fait tourner le commerce. Leur système est basé sur de l'argent qu'ils n'ont pas, donc sur du vide ! Leur société fonctionne grâce à la croissance économique qui génère les bénéfices, mais aussi la pollution ! Leur politique commerciale est donc en opposition avec leur discours écologique. Ils font semblant de protéger la nature, mais continuent allégrement de rouler, de voler d'un bout à l'autre de leur planète en brûlant l'oxygène et rejetant du gaz carbonique. Les principaux acteurs dirigeant sont les « Winners » ; ils n'ont ni sentiments, ni états d'âme et pensent que le bon fonctionnement de leurs entreprises passe par l'humiliation des employés qui travaillent pour atteindre des objectifs impossibles à réaliser. C'est pour cela que les victimes de ces théories finissent par se donner la mort, et c'est ainsi qu'est née une nouvelle génération de « winners » appelés les « killers ».

Les « Yapalf », eux, n'ont ni « Winners » ni « Killers ». Leur plus grande ambition est de ne rien faire...Et ils y arrivent ! Lorsqu'ils ne dorment pas ou ne mangent pas, ne chassent pas ou ne pêchent pas, on pourrait penser qu'ils ne font rien, mais en réalité ils observent... la nature, leurs semblables, les oiseaux et ça leur prend beaucoup de temps. Ils vivent en tribu, chaque individu étant libre de faire ce que bon lui semble.

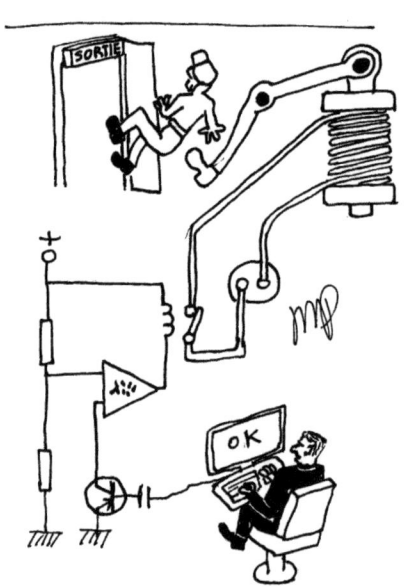

Heureusement, il n'y a pas que des « Winners » chez les « Cénouk », il y a aussi une ethnie appelée « Loosers » qui tôt ou tard est promue au rang de « travailleurs privés d'emploi », c'est-à-dire : chômeurs ! A ce stade, ils ont le temps de se promener dans la nature, cueillir des baies sauvages et se baigner dans la rivière comme leurs cousins « Yapalf ».

Les « Loosers » n'ont pas le choix, ils sont nés comme ça. On pourrait penser qu'ils n'ont pas de chance et sont malheureux, mais il n'en est rien. Ils profitent de la vie, ont le temps de jardiner, aller à la pêche et faire de la musique. Au fil du temps, ils sont devenus de plus en plus inadaptés aux techniques modernes, se retrouvant ainsi exclus de la société, mais à leurs yeux, c'est aussi bien ainsi ! Les « Winners », eux, vivent dans un univers virtuel qui ne les rend pas plus heureux, puisqu'ils perdent petit à petit la notion de relations humaines. Ils souffrent la plupart du temps de solitude par manque de communication avec les autres. Leur devise et celle des « Cénouk » en général est : pourquoi faire simple quand on peut faire compliqué ! Ils sont capables de construire des cathédrales, des ponts, des autoroutes, des voitures des avions ; ils sont même allés sur une autre planète où il n'y a rien à boire, mais ils ne savent pas comment vaincre la misère ! Ils cultivent l'esprit de compétition, mais lorsque l'un d'entre eux est premier, les autres sont laissés sur le bord de la route et c'est ça qui détermine le malaise de leur société. Chez les « Yapalf », au contraire, le souci de l'autre est primordial et contribue à leur bonheur. Le simple fait de donner les rend heureux. Ceux qui sont physiquement jeunes et forts pêchent et chassent pour les vieux et les malades. Leur spiritualité les pousse à être généreux et bienveillants envers leurs frères.

Au cours des siècles, la population « Yapalf » s'est multipliée en une multitude de tribus vivant toujours dans les plaines équatoriales arrosées par la rivière « Wamba » et le fleuve « Wooka ». Leur territoire s'est donc étendu pour subvenir à leurs besoins. Ils vivent pratiquement de la même façon que leurs ancêtres, mis à part quelques individus initiés à l'agriculture par les « Cénouk » chez qui ils ont immigré. La plupart ne se sont pas adaptés à la vie tumultueuse et compliquée de cette société soit disant évoluée. Ils sont revenus à leurs origines en apportant avec eux à leur retour des techniques agricoles dont le labour et les semailles. De toute façon, ceux qui se sont adaptés ont été rejetés avec pertes et fracas des pays « Cénouk » par leurs dirigeants.

Pour cultiver la terre, les « Yapalf » tirent un outil constitué d'une poutre en bois se divisant en deux mancherons à son extrémité et d'un soc labourant la terre. Il faut être deux pour l'utiliser, un individu tirant l'ensemble à l'aide d'une corde passée autour de ses épaules et l'autre guidant l'outil avec les deux mancherons. Ils viennent de réinventer l'araire, utilisée plus de deux mille ans auparavant par les « Cénouk » et depuis longtemps abandonnée et remplacée par les charrues.

Petit à petit, la société « Yapalf » commence à se diviser en deux, les « Wakiki » et les « Pakoko ». Pour faire face aux besoins supplémentaires en nourriture dus à la croissance démographique de leurs tribus, les « Wakiki » prônent une extension des territoires occupés en gardant les traditions de pêche, de cueillette et de chasse. Les « Pakoko », eux, souhaitent développer l'agriculture pour faire produire à la terre les céréales et les fruits en quantité nécessaire à leur consommation.

Les « Wakiki » ne sont pas d'accord avec la politique agricole des « Pakoko » pour la bonne et simple raison que la fabrication des araires puis leur utilisation ensuite représente une somme de travail très importante, leur idéal consistant à travailler le moins possible. Ils s'éloignent donc des « Yapalf Pakoko », mais contrairement aux « Cénouk », ils partent vers le Sud.

De leur côté, les « Cénouk » ont la fâcheuse manie de croire qu'ils maîtrisent tout. Ils se fixent des objectifs, des contraintes, des buts à atteindre sans se douter que la nature décide de leur sort.

Parmi leurs grandes préoccupations, la principale est la croissance économique qui génère l'argent. Ils construisent donc de plus en plus d'avions, de voitures, les surfaces cultivées cédant petit à petit la place aux zones industrielles. Pour se nourrir, ils sont donc contraints de rentabiliser au maximum leurs cultures réduites en surface. Pour ce faire, ils utilisent beaucoup d'engrais chimiques et détruisent ainsi peu à peu les éléments naturels comme la terre, l'air et l'eau. Ces malversations ont pour conséquence de modifier les phénomènes climatiques et leur plus grand souci devient alors la lutte contre le réchauffement de leur planète, combat incompatible avec la croissance économique.

Les premiers à en souffrir sont les « Yapalf ». D'année en année, le niveau des rivières baisse et les plaines ne sont plus arrosées. Les pluies qui tombaient régulièrement avant, s'abattent en grande quantité lors des cyclones en créant des inondations : s'en suivent de très grandes périodes de sécheresse pouvant durer plus de six mois et au cours desquelles la température est excessive.

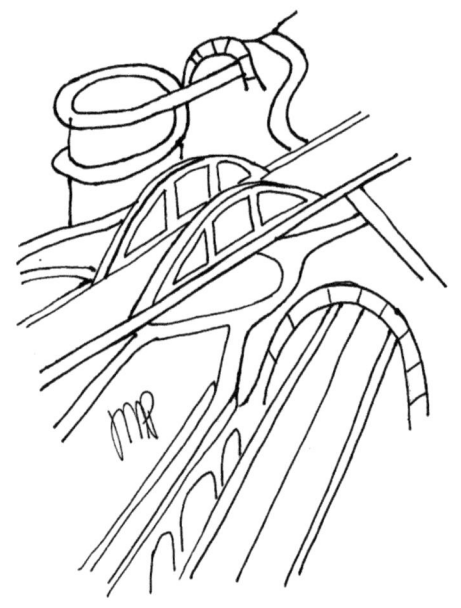

Les céréales sauvages comme le millet vivace constituant la nourriture de base des « Yapalf » deviennent donc de plus en plus rares et le taux de mortalité de leurs tribus augmente sérieusement. Il n'est pas rare que des enfants en bas âge meurent de malnutrition ou de déshydratation, ce qu'on ne voyait que très rarement avant ces phénomènes météorologiques inquiétants.

Les « Yapalf » ne comprennent pas ce qui leur arrive. Ils implorent Dieu et les esprits supérieurs, les suppliant de leur envoyer la pluie.

Les « Cénouk » constatent que la calotte glaciaire du pôle Nord de la planète fond petit à petit, que la température moyenne de l'air et de l'eau augmente lentement. Certaines espèces d'animaux, de poissons et de champignons disparaissent et d'autres jusque-là encore inconnues apparaissent.

Des années s'écoulent ainsi dans l'indifférence la plus totale jusqu'à ce que les esprits se réveillent au cours d'un été particulièrement chaud où les vieillards tombent comme des mouches dans les hôpitaux. A partir de cette période, les autorités s'affolent, commencent à mettre en place des protocoles, des procédures, à chiffrer et monnayer les dégâts en ne changeant rien à leurs habitudes ! Les « Cénouk » qui ont un tiroir-caisse à la place des méninges, pensent que l'argent va tout solutionner. Ils construisent des avions de plus en plus gros, des ponts, des autoroutes où roulent les camions transportant les marchandises de l'Est à l'Ouest et celles de l'Ouest dans les poubelles.

Pendant ce temps, les « Yapalf » tirent la langue. Le niveau des rivières est au plus bas. Eux qui n'ont pas l'habitude de travailler sont obligés de creuser des canaux pour irriguer les terres et semer du millet.

De temps à autre, ils voient débarquer des « Cénouk » venant leur montrer comment creuser des puits, mais dans leurs villages, le sage aimerait bien comprendre pourquoi il ne pleut plus. Les esprits maléfiques auraient-ils pris l'ascendant sur la bienveillance des Dieux ?

On pourrait le penser, lorsqu'un jour chez les « Cénouk », on apprend la faillite d'une grande banque de renommée incontestée. Quelques heures s'écoulent... puis c'est au tour d'une deuxième, puis d'une troisième dans la soirée : le château de cartes économique s'écroule ! La stupéfaction est générale. C'est le début de la crise, une de plus ! La situation est catastrophique, mais il paraît qu'il faut en passer par là pour que le destin apporte à l'être humain des choses meilleures par la suite. Cette fois, c'est du sérieux. Dans le mois qui suit, la plupart des banques mettent la clé sous le paillasson. Celles qui restent ouvertes n'ont pas de liquidité, l'économie est donc paralysée. Sans argent, plus rien ne fonctionne. Les carburants commencent à manquer. C'est surtout en ville que les « Cénouk » souffrent. Mis à part les vélos, les véhicules deviennent de plus en plus rares sur les routes, tout s'est arrêté. Un silence pesant s'installe, l'ambiance est bizarre. Les gens se parlent à nouveau et commencent à s'organiser pour manger, s'éclairer, se déplacer. Le troc reprend alors tous ses droits, il faut bien se débrouiller. Les jours passent sans que le système financier ne puisse se relever. A la campagne, la saison des foins approche. Faute de carburant, les machines agricoles restent immobiles sous les hangars. Quelques rares paysans marginaux ont ressorti des remises de vieilles faucheuses mécaniques attelées à un cheval. Après une remise en état sommaire, les heureux propriétaires de ce matériel obsolète sont tout à coup promus au premier rang en terme de productivité.

Les autres se contentent de couper l'herbe à la faux. Les cultivateurs ont besoin de bras pour les travaux des champs . Petit à petit, les chômeurs arrivent de la ville à pied ou à vélo avec quelques effets personnels pour travailler dans les fermes. Ils apprennent les gestes de leurs ancêtres en échange du repas et de quelques pommes de terre . Voilà à quoi en est réduit le peuple le plus évolué, mais cette situation difficile engendre pourtant des instants de pur bonheur. Dans les prés, se dégage cette bonne odeur d'herbe séchée et après le dur labeur, les hommes boivent du vin et les filles se vautrent dans les tas de foin.

Dans les villages, on s'organise : ceux qui ont du blé fabriquent de la farine qu'ils échangent contre quelques miches de pain cuites au feu de bois par les rares possesseurs de fours en briques.

En ville, les commerçants ont baissé le rideau. Les fumées s'échappant des voitures dans la brume matinale ont disparu. Les centrales ne fournissant plus d'électricité, les « Cénouk » s'éclairent à la bougie ou avec des lampes magnéto rechargeables manuellement. Les quelques voitures électriques restent donc au garage comme les autres.

A la campagne, certains agriculteurs réussissent à faire tourner leur tracteur à l'huile de colza, mais la saison est trop avancée pour en semer. Les citadins sont réquisitionnés pour les récoltes et les chevaux de trait reprennent du service. A l'approche du solstice d'été, la sueur coule au front des travailleurs, mais vers la fin de la journée, les « Cénouk » vont se rafraîchir dans la rivière comme les « Yapalf ». Ils redécouvrent donc leur corps laissé à l'abandon pendant des années dans des bureaux ou des usines. L'été s'écoule ainsi, les moissons succèdent à la période des foins.

Il faut tout d'abord faucher les gerbes dans les champs puis battre les céréales pour en séparer le grain de la paille. Les faux et les fléaux accrochés en décoration dans les fermes deviennent des outils à la mode. L'automne est bientôt là et après les récoltes, les paysans préparent la semence pour l'année suivante en triant les graines les plus belles. Ils n'ont pas d'argent pour en acheter chez leurs fournisseurs qui sont de toute façon en faillite. Au printemps suivant la crise, les « Cénouk » sèment alors le blé récolté l'automne précédent, mais voilà, rien ne sort de terre, mis à part quelques pousses chétives par-ci, par-là.

Les « Winners » sont stupéfaits, c'est la mort au sortir de l'hiver. Tandis que tout le monde se demande comment faire face à cette nouvelle catastrophe, quelques paysans du clan des « Looser » ont semé leur graine comme ils l'ont toujours fait, c'est-à-dire sans en acheter, mais en la sélectionnant dans leur récolte. Aux premiers rayons du soleil, leurs champs couverts de plants de blé drus et serrés à souhait sont magnifiques. Eux qui ont toujours été raillés par les « Winners » pour leurs faibles rendements au cours des années de sécheresse, sont à présent très courtisés. En effet, ils possèdent dans leurs greniers, une richesse insoupçonnée jusqu'alors.

Des mois passent ainsi. Quelques banquiers s'affairent à mettre en place un nouveau système monétaire. Les « Winners » adhèrent à leur projet, mais quelques-uns d'entre eux détournent de l'argent et le système s'écroule à nouveau. L'année suivante, le partage et le troc remplacent définitivement l'économie traditionnelle de la finance. Les moyens de transport se résument à la marche à pied, au vélo et aux chariots tirés par des chevaux.

Sans aucune circulation de véhicules motorisés, même l'air de la ville est devenu respirable. Aux carrefours, bruits et fumées se sont envolés. Seul, des piétons et des vélos traversent les rues.

Ce nouveau mode de vie serait-il à l'origine d'un rétablissement climatique, toujours est-il que chez les « Yapalf » où il n'a pas plu depuis des mois, de gros nuages s'agglutinent un soir dans le ciel. Au milieu de la nuit, des averses s'abattent sur la peau des autochtones qui manifestent leur bonheur en chantant et en dansant. Leurs corps et leurs esprits reprennent vie sous les trombes d'eau presque chaudes qui déferlent maintenant sur eux.

Pendant deux jours cette pluie tant attendue ne cesse de tomber.

Les mois passent. Leur région étant régulièrement arrosée comme avant, la végétation retrouve sa vigueur. Le millet sauvage pousse à nouveau à profusion. La rivière retrouve son cours normal, les Dieux auraient-ils entendu leur prière ?

Pour leurs conseils et la relecture,

    Merci à :

        Danielle ROMAIN
        Denis COULOT
        Martine BERTRAND
        Francine POHL
        Marcelline BUISSON

Ainsi qu'à Denise BOBILLIER
et Danielle ROMAIN, pour leur
encouragement à publier cet ouvrage